Laurent MAYSFRS

Escapade en Italie

NICE
IMPRIMERIE ROBAUDI FRÈRES
29, Rue Pastorelli, 29 (Téléphone)
1896

ESCAPADE EN ITALIE

Il y a trois ans environ, un bon petit billet de mille francs tombé fort à propos en mes mains, me suggéra la bonne idée d'accomplir un minuscule voyage en Italie, pays que depuis longtemps je désirais au moins parcourir à fonds de train si je ne pouvais le visiter en détail ; chose que je ferai plus tard, si Dieu m'assiste.

Je fis ma malle, je bouclai ma valise, j'achetai un carnet pour noter mes impressions courantes et je partis.

Voici le contenu dudit carnet, tel que je l'écrivis au jour le jour, de mon départ à mon retour, que je viens de retrouver dans un tiroir, à côté d'une vieille pipe en bois de mérisier que je fumais étant troupier. Que les années passent vite !

Je dédie ces quelques légères pages à l'ami Arthur M***, de Rome, de qui je reçus le plus aimable accueil pendant mon court séjour dans la Ville Eternelle.

———

21 Avril 1893. — Avant d'endosser pour deux ans la capote bleue du pioupiou, je veux aller vagabonder quelques jours en Italie. Prendre l'air et me saturer d'idéal pour mieux ingurgiter par la suite les 700 jours de prosaïque et abrutissante caserne. (C'est un devoir : tous les devoirs ne sont pas agréables sûrement, mais il n'en est pas un qui ne trouve sa récompense).

Je prends un aller et retour, avec trois arrêts facultatifs, de Nice à Rome.

Je profite de ce train de plaisir, à l'occasion des Noces d'argent du ménage Humbert, paraît-il : un certain bonhomme à la franche et sympathique figure, et son épouse, une dame bien belle que l'on dit fort instruite ; tous deux, avouons-le, Roi et Reine d'Italie, un métier fort triste que je ne ferais jamais apprendre à mon fils, si j'en avais un, même aurait-il la chance de subjuguer les habitants de la terre de feu.

Le billet me coûte 120 francs, première classe. C'est pour rien.

Je partis donc, ce 21 Avril, de Nice, sans tambour ni trompette, à 5 heures du matin. Le train avait l'air de n'attendre plus que moi ; sitôt embarqué, il siffla, cracha sa blanche fumée, puis fila tout doucement en commençant, pour se lancer ensuite, de toute la force de ses poumons de fer, à la sortie de la gare.

Comme, antérieurement, j'avais toujours eu l'habitude de voir lever l'aurore... avant de me coucher, ce réveil matinal taquinait mes paupières lourdes d'insomnie ; aussi je sommeillai tant bien que mal jusqu'à Vintimiglia.

La brusque secousse du train s'arrêtant, le parler italien des employés sur le quai, me rappelèrent à la réalité. Je n'étais plus en France ! Moi qui n'avais jamais bougé des quatre coins de la cité qui m'a vu naître, je trouvai ça triste, triste, mais ma soif d'inconnu l'emporta ; je sifflotai un petit air du *Ballo in Maschera* en descendant du train, presque joyeux de me sentir livré à moi-même, au milieu de ce tas d'inconnus, prêt à mettre mes études de langue italienne en pratique : la langue de Manzoni, de Ugo Foscoli : mes deux auteurs favoris — que je n'ai jamais lus.

Après l'ennuyeuse corvée obligatoire à la Douane, où ma malle et ma valise durent subir l'outrage de voir fourrager leur entraille par une main sale, j'attendis le départ pour Genova la Superba.

Une petite histoire. En glissant une pièce de vingt francs au guichet de la douane pour payer mes bagages, un brave signor qui se trouvait au même guichet prit, par distraction ! mon louis pour une pièce de vingt sous qu'on lui rendait ; je lui fis observer son erreur en lui saisissant précipitamment la main droite qu'il tenait fermée, et la lui ouvris ; il me regarda, jeta un regard piteux sur la pièce d'or, et me la rendit avec un sourire aimable et mille excuses. Diffidatevi !

On partit. En général si les premières impressions sont les meilleures, je ne crois point me tromper en déclarant que la côte italienne, de Vintimiglia à Gênes, et même quelques kilomètres après, est horrible par son aridité, sa sécheresse. Heureusement que les yeux se perdent sur cette plaine bleue de la Méditerranée où quelques tartanes aux voiles rousses se balancent mollement ; cela procure une diversion et permet d'avaler les huit ou neuf mortelles heures de voyage, rendues plus mortelles encore par cette étouffante et dégoutante fumée que vomit la machine par sa cheminée et qui me gâte le plus beau ciel de la terre. Ne remarquez-vous pas qu'à côté d'un plaisir quelconque se trouve toujours une petite bête noire ? Nous en trouverons d'autres petites bêtes noires pendant le cours de ce voyage, malheureusement,

Ici je dois faire une confidence et révéler un mensonge. J'étais déjà venu en Italie ; j'avais visité Gênes deux fois, mes deux premières escapades : à l'époque de l'exposition et quelques temps après. — Aussi je ne m'arrêtai point à Gênes et filai vers Pise.

J'arrivai dans cette ville le soir à 5 heures.

Me plaçant sous l'égide de la déesse d'Athènes, Minerve-Hôtel, qui se trouve près de la gare, je pris aussitôt une chambre. Débarbouillé, peigné, remis à neuf, je fus prêt en un instant. Le Campanile, la Tour penchée comme on dit, qu'à mon arrivée j'aperçus tout d'abord, m'attirant, je descendis les escaliers tapissés, de ma Minerve et je courus vers ce fameux édifice oblique, défi porté aux lois de l'équilibre, qui fit déraisonner tant de monde. Le jour où l'X du problème sera définitivement résolu, on pourra faire planer la pointe de la fameuse tour Eiffel sur la Seine, sans danger qu'elle pique son nez dans l'eau. Les maisons seront penchées et les consciences moins droites ; il y a longtemps que pour ces dernières les lois de l'équilibre sont violées !

Dix, vingt ciceroni arrivent, fondent de mon côté pour se saisir de ma personne en me traitant d'excellence, de seigneur et de *mozzieu*. Moi, que la moindre contrainte rebute et qui n'aime point les gêneurs, surtout quand ils sont bavards, je me défends héroïquement contre cette meute de perroquets artistiques et je grimpe en triomphateur les innombrables marches du Campanile, laissant mes yeux planer sur la campagne environnante qui s'étend de plus en plus à mesure que je m'élève.

Nous voici arrivé. Stupende ! Je reste là, rassasiant ma vue de ce superbe panorama. Le Dôme, le Baptistère, le Campo-Santo attirent mes regards, là tout près. Des groupes de bouts d'hommes gesticulent sur la place, au pied de la tour ; ce sont mes ciceroni en train de faire un cours de boniment, histoire de s'entrenir la langue. Ces *ci*, en voilà encore une de bête noire !

Je me retourne et je penche la tête dans le vide circulaire de l'intérieur de la tour, car elle est creuse en dedans de bas en haut et ressemble à un large puits de deux mètres de rayon ; je ne précise point. Je suis pris de vertige en plongeant mes yeux dans cet abîme au mur lisse à ne pas donner prise à la moindre parcelle d'objet. Ce mur circulaire est construit avec un tas de briques rouges superposées et enclavées l'une dans l'autre comme ces longues cheminées d'usine.

Un *ci* — il y en a aussi là-haut ! — profite du moment où mes regards s'arrêtent sur les cloches pendues au dessus de ce vide pour, surnoisement, se placer près de moi et me conter d'un ton lugubre que l'aînée, la plus grosse, de toutes ces calottes de bronze a sonné la mort d'Ugolino, de ses fils et petits fils, en l'an 1288. Je lui octroie généreusement quatre sous pour avoir fait vibrer quelques secondes la corde sensible de mon cœur et rappelé à ma mémoire un des plus beaux passages de l'Inferno, du Dante — traduction d'Angelo Fiorentino — ce florentin de génie qui vint, dit-on, chercher un refuge à Paris pour ensuite, comme l'allemand Wagner, l'outrager, revenu chez lui. Mais jetons dans un coin cette petite pointe à l'adresse du compagnon de Virgile et passons, ou plutôt descendons du Campanile.

A la porte du Dôme, un autre *ci* fit ma connaissance en me conduisant sous la coupole de ce monument pour m'en faire entendre l'admirable acoustique. Il modula les huit notes musicales et je crus ouïr un orgue divin, tant la sonorité est limpide, douce et grave ; le dernier son fut infini, très long, si long qu'il me resta dans les oreilles toute la soirée et que je le réentendis le lendemain en me réveillant.

Pour m'avoir procuré cette harmonieuse sensation, je donnai vingt-cinq centimes à mon ténor de rencontre, croyant donner assez ; j'aurais donné plus si je m'étais douté du bercement vague et poétique que ce plein chant me laissa en l'âme.

Si jamais le sort m'oblige à être cicerone, et par conséquent à choisir l'endroit où je dois raser mon monde, sans hésitation je demande la place de ténor du Dôme !

Me voici au Campo-Santo. Il m'inspire plus de recueillement que celui de Gênes, mais, étant sceptique de nature, cette terre apportée de Jérusalem me fait sourire. Je voudrais croire pourtant, car rien de meilleur qu'un croyant, mais pourquoi diable ! me suis-je mis en tête de lire le Dictionnaire philosophique du singe de génie !

Et puis le *Sacro-Catino*, à Gênes, prétendu en émeraude, ce que beaucoup de personnes contestent, d'autres ridiculisent pour cette prétention d'avoir contenu le sang de l'Agneau Pascal !

Il en est de même de ce petit carré de marbre, hors Rome, où le pied de notre Seigneur, fils de Dieu, se posa ; c'est, si je ne me trompe, dans une petite chapelle sur la Voie Appienne. Je ricanai ; le *ci* qui me montra cette relique faillit se fâcher. Brave *ci !* tu es un convaincu et moi qu'un malheureux. Malgré tout, les Saintes-Merveilles de l'Italie me laissent froid et je ne les accueille que sous toutes réserves.

Ce que je regardai avec plaisir dans le Campo-Santo, ce furent les peintures murales à demi-effacées, représentant quelques épisodes de la vie des Saints. Si j'avais un Joanne ou un Bœdeker je vous dirais le nom des peintres, mais j'aime peu cette érudition de contrebande. Je vous raconte ce que je sais et ce que j'ai pensé pendant le cours de mon escapade : bêtises et vérités mêlées.

Ces peintures m'ont l'air d'être du Puvis de Chavannes mais usées par le temps, plus vivantes et moins apprêtées. Ce qui ne m'empêche point de les trouver ennuyeuses et de les vite parcourir pour m'en aller. Il ne faut pas oublier qu'il commence à se faire nuit, et que visiter ce lieu à cette heure est d'un triste ! Et puis, pour bien comprendre ces mystiques peintures il faudrait lire la vie des Saints, saisir l'esprit de l'époque dans laquelle elles ont été conçues, connaître à fond son histoire de l'Art, avoir moultes causeries avec M. Puvis de Chavannes sur cet intéressant sujet, ce qui serait trop long et transformerait ce cahier-ci en Dictionnaire Larousse.

Vous rappelez-vous ces vers de Barbier à propos du Campo-Santo de Pise :

« Qu'un voyayeur parfois dans sa course rapide
Heurte d'un pied léger et d'un regard stupide » (1)

22 Avril. — Après avoir fait un bon somme sur un médiocre dîner de table d'hôte, je m'habille et avec l'aide d'un cocher, d'une

(1) IL PIANTO.

voiture et d'un maigre cheval, je vais prendre l'air hors la ville.

Nous sortons par la Porta Nuova. Comme but de promenade j'ai choisi le nouveau Campo-Santo. Il se trouve en cet endroit un beau monument du sculpteur Sarocchi, de Sienne.

Il est *mezzo giorno*. Nous rentrons dans Pise par la porte delle Piagge. A cette porte, une longue avenue ombragée par une double rangée de grands arbres, ce qui permet, enfin ! d'avoir un peu de fraîcheur. Depuis deux heures, messire Phœbus nous jette une ondée de lumière sur le dos ; je vous prie de croire que dans ce pays cette pluie de rayons solaires vous met en nage !

C'est près de la porte delle Piagge, que l'altier Byron cravacha, dit-on, un sergent qui eut l'audace de ne point se ranger pour livrer passage au cheval du poète. Quelques heures après l'auteur de *Childe-Harold*, assailli dans son palais par toute la population pisane, dut quitter Pise. On sait qu'il se rendit à Gênes, s'embarqua bientôt pour la Grèce et mourut à Missolonghi. Quelle belle mort pour un grand poète !

Je ne parlerai point de la toute jolie, fine, riche et mignonne chapelle de Ste-Marie della

Spina, sur l'Arno. Tout le monde la connait. Je ne regrette qu'une chose : c'est qu'elle soit aussi peu majestueuse en dedans qu'elle est splendide en dehors. L'intérieur n'a pas une chaise, un tronc, un tableau, rien ; l'autel est sans madone, ni croix, ni cierges, ni fleurs, des planches poussiéreuses sur lesquelles une pile de brochures historiques de Ste-Marie s'entassent. Il est regrettable que le dedans ne réponde point au dehors. Je me sentirais en veine de prier et de me confesser même, dans cet endroit là ! Pourquoi l'église, dont la bourse est toujours bien garnie, avec son denier de Saint-Pierre, laisse-t-elle cette petite niche à Madone, cette adorable chapellette, dans un si complet dénûment. Par les cornes du diable, je réclame !

23 Avril. — Il est trois heures du matin ; il fait nuit encore. Je saute de mon lit à l'appel réitéré du garçon qui tape à ma porte de son poing. Je m'habille, je boucle ma valise et me voilà descendant les escaliers de Minerve-Hôtel, auquel je donne un affectueux « au revoir » car je désire redescendre à Pise, à mon retour. La preuve, c'est que je laisse en dépôt quelques livres ainsi qu'une ceinture de cuir les enserrant.

Si vous désirez savoir les titres de ces livres, je vous apprendrai avant tout, que je les ai achetés dans un quartier de Pise, un carrefour étroit et tout sombre où l'on ne voit que des nez crochus, des barbes blanches, et de temps en temps une belle fille : c'est le quartier des Juifs, à ce qu'on ma dit, le Ghetto, où les frères en religion du roi de la finance de notre temps et de bien longtemps encore ! vivent, trafiquent, se marient et meurent. Il y a un mouvement extraordinaire dans cet endroit et, sans le savoir, je me sentais dans une autre atmosphère, un autre pays, avec d'autres gens que ceux d'habitude. Drôle de race que celle-ci ; si j'avais de la fortune je me payerais la fantaisie d'aller l'étudier partout où elle grouille et de connaître à fond son histoire passée, présente, et piocher dans le champ des hypothèses par la future.

Voici le titre des livres en question : *La Vie de Galilée*, un Pisan de marque, l'orgueil de la cité ; deux ou trois tomes dépareillés de l'histoire de Botta ; une histoire anecdotique de Napoléon Ier, en français, de 1812. Ce dernier livre principalement me plaisait beaucoup ; je regrette de ne pas l'avoir emporté avec moi à Rome. (Il faut vous dire qu'à mon retour je ne me suis pas arrêté à Pise. Livres et ceinture de cuir m'attendent encore ! J'en fais don au premier voyageur qui descendra à la Minerve après avoir lu ces lignes.)

A propos de Galilée, permettez-moi, avant de quitter Pise, en attendant le départ du train pour Rome qui a lieu à trois heures cinquante, de vous répéter, en deux ou trois lignes, ce que les autres ont dit.

Personne n'ignore que Galilée fut cet illustre mathématicien qui enseigna, d'après Copernic, le mouvement de la terre autour du soleil, ce qui semblait contredire la Bible. L'Inquisition se saisit de lui ; elle voulut lui faire abjurer cette prétendue hérésie ; c'est alors que notre grand homme, d'après la légende, s'entêta et malgré tout affirma que la terre tournait en cette immortelle proposition : *E pur si muove!*

Galilée mourut aveugle vers la moitié du dix-septième siècle, 1642 ; ce qui ne l'empêcha point d'être l'homme le plus clairvoyant de son époque !

Avec quelque chose de respectueux dans la voix, le cocher qui me promenait hier me montra la soi-disant demeure de Galilée. De la porta delle Piagge, presque en face, à travers les feuillages des arbres on l'aperçoit.

Elle est située de l'autre côté de l'Arno, perchée aux bords du fleuve; ses murs noircis, ses créneaux, la font ressembler à un château-fort. Je l'aurais prise pour une prison, tant elle est mystérieuse, sévère, si je n'avais aperçu quelques vignes folles serpentant jusqu'aux toits, et du linge pendu aux fenêtres.

Une jolie colombe, au moment où je me faisais cette réflexion saugrenue, tournoyait au-dessus de l'auguste demeure, prenant un bain de soleil. Elle me rappela le Saint-Esprit, sans me faire oublier Galilée.

Est-ce bien dans le Baptistère que se trouve la fameuse lampe suspendue au milieu de la nef? Est-ce bien elle qui suggéra au grand homme l'idée du balancier? Oui, non ; je doute. Abstenons-nous.

Tout ce que je puis rappeler, c'est qu'en la voyant se balancer j'eus un élan de reconnaissance vers elle, la promotrice de cette petite merveille que j'ai dans mon gilet, là, dans la pochette droite. Chère petite montre! toi qui me permis chaque jour de savoir au juste l'heure, la minute où la femme de X*** apparaîtrait sur ma porte ; l'instant où ce cher X***, mon ami, sortirait de son bureau et rentrerait chez lui pour que sa femme, les joues encore humides de mes baisers, fût chez elle dix minutes avant, le reçût, et lui donnât, avec un doux sourire, à l'endroit où les cornes symboliques poussent, le baiser de Judas !

Que de bonheur je te dois encore, ô ma montre d'or ! Tu me sauvas plusieurs fois d'une débine affreuse en me procurant deux ou trois louis chez un prêteur ; tu m'appris quel être méprisable est un voleur qui peut me la ravir, un socialiste qui, faux ignorant des droits sacrés de la propriété, voudrait tout bonnement en toucher la moitié du prix ! Enfin, je goûte par toi ce vif sentiment de la possession d'un objet envié que tout le monde n'a pas et cela flatte agréablement mon égoïsme.

Pour en revenir au balancier, n'aurait-il que le mérite d'avoir permis aux Allemands, en 1870, de prendre toutes nos pendules que je l'aimerais de toute mon âme !

Assez de digressions. Entrons vivement dans notre vagon car j'entends vibrer la partenza sur les lèvres de l'employé de service.

J'eus soin, aussitôt en gare, de chercher ma place, une bonne place près des vitres, pour le paysage. J'en trouvai une dans l'avant-dernier vagon.

Le train est bondé. Tout le monde dort, empaqueté dans des couvertures, oreillers, calottes et pantoufles. Quelques-uns sous leur feutre rabattu et leur pardessus relevé montrent une tête avachie par la fatigue du voyage, l'insomnie continue.

Ces gens-là sont de mauvais voyageurs : ce sont en général des gens douillets qui préfèrent le bon feu de leur appartement à toute sorte de plaisir ; ils voyagent par boutade et regrettent leur fantaisie sitôt le train en marche. Ils ont froid toujours, sont gênés par les voisins du compartiment, abrutis par la trépidation du train, la voix criarde des employés de la compagnie, le sifflet du chef de gare ou celui de la machine.

Parlez-moi de ces autres, de ces gros bouffis mal élevés, et surtout de ces vieilles têtes de momie qui, parcequ'elles sont femmes, se croient tout permis. Cette peste accapare les vagons, les comble de valises, de cages à chien, de leur corps d'une grosseur démesurée ou bien d'une longueur extraordinaire, embarrassante, très comique si elle ne gênait point. Figurez-vous un phoque moustachu ou une pieuvre aux longues tentacules entrant dans un vagon suivis d'une dizaine de bagages et tachez de trouver de la place pour les autres !

Ces gens-là dorment très bien ; on les entend ronfler régulièrement. Ils passent leurs énormes pieds au-travers de vos jambes s'ils sont devant vous ; à vos côtés, ils posent leurs tête sur vos épaules et grognent si vous avez l'imprudence de vous retirer. Une jolie tête de femme viendrait à se poser sur votre épaule, je ne dis pas ! mais en général ce ne sont que de vieilles guenons très personnelles, sans urbanité, l'air revêche et sottement hautain, très indignes de toute amabilité.

Il fait un froid de loup à cette heure matinale ; de l'hôtel à la gare je commençais à frissonner. Aussi j'entrai dans mon vagon avec plaisir, me pelotonnant dans ma place du coin, les pantoufles aux pieds, une couverture sur mes jambes, une casquette de drap sur la tête. Comme les autres voyageurs j'avais l'air d'un Lapon !

Le vagon est bondé. A la lueur de la veilleuse, j'aperçois vaguement des monceaux de couvertures sous lesquelles passent des souffles et des ron -ron.

Le train se met en marche. Enfin ! Un bon sommeil de neuf heures à trois, non interrompu, me tient éveillé. Je contemple l'horizon où une faible lueur blanche commence à poindre. Je vais donc pouvoir considérer, admirer les vertes plaines s'étendant à perte de vue, que je distingue confusément dans l'ombre. Mais Mademoiselle Aurora est paresseuse comme un loir ; aussi se lève-t-elle fort lentement. L'ennui me gagne ; je me mets à sommeiller en attendant le jour, après m'être fait cette réflexion que personne ne résiste au baillement en voyant bailler, ni au sommeil en entendant ronfler.

Mes yeux s'ouvrent. Un Monsieur aux traits fort énergiques est mon vis-à-vis. Sa tenue et sa physionomie me décèlent un Français. Je doute, mais nous verrons bien. Il est en train de contempler le paysage au travers des vitres avec des yeux assoupis. Les autres voyageurs ne sont pas encore découverts, mais je crois ne point me tromper en affirmant que c'est une famille entière. Il y a trois femmes et deux hommes. Le père, la mère, le frère et les deux sœurs ou quelque chose d'à-peu près. Est-ce des Allemands, des Anglais ou des Russes ? Je n'en sais rien, et cela en définitive m'importe peu.

De Pise à Rome la nature est plus florissante que de Vintimiglia à Pise ; aussi, je sature ma vue de paysages champêtres toujours nouveaux, toujours captivants, jamais banals. Le cadre de ma petite fenêtre vitrée m'offre un Corot chaque seconde ; sans bouger de place j'ai l'air de visiter une immense galerie aux toiles interminables. Que c'est beau l'imagination !

Mon vis-à-vis, profitant de la suprématie que lui donne son âge sur le mien, me demande à brûle-pourpoint si je suis Français. Je lui réponds en souriant que j'ai ce bonheur et cet honneur. Nous nous mettons à causer. Il apprend que je vais à Rome ; je n'ignore point qu'il se rend directement à Florence. Il déclare que la capitale de la Toscane est une ville superbe ; je n'en doute point, mais il m'est impossible de changer mon itinéraire pour aller la visiter ; j'ai hâte d'être à Rome pour assister aux fêtes des Noces d'argent du Roi et de la Reine Marguerite, « *la Perla di Savoia* », et de voir l'Empereur et l'Impératrice d'Allemagne. Je ne lui cache pas le vif désir que j'ai de voir, de mes propres yeux, comment est faite une tête de roi ou d'empereur. Cette tête-là ne doit pas être construite de la même façon que les nôtres, celles du *vulgum pecus* ;

j'ai bien vu la binette de Sadi-Carnot, voire même du sieur Grévy, étant tout petit, mais une tête de roi ou d'empereur, jamais !

« Si vous aviez contemplé, me dit mon compatriote, la tête de Napoléon III pendant la guerre, vous auriez rapporté une triste impression de la majesté impériale ».

Après tout, répondis-je, ce sont de pauvres vers de terre comme nous, moins heureux et tout autant sujets à la colique, aux maux de tête ainsi qu'à la mort.

Ma réflexion philosophique ne me fit pas oublier ce que venait de me dire mon compagnon de voyage ; cet exemple ne me donna que plus d'envie de contempler les augustes faces royales et impériales.

Et puis, lui dis-je, il y aura une revue de 25.000 hommes à la clef, passée par le descendant de Frédéric III, ce qui me permettra de voir caracoler le jeune ambitieux Empereur d'Allemagne et de me donner une idée de tous les corps de troupe de l'armée italienne.

Mon compatriote m'avoue tout bas qu'il est officier supérieur chez nous ; qu'il profite d'un congé pour.... Je crois comprendre. Mais, pensais-je en moi-même, qui sait ? peut-être est-ce mon futur colonel ou commandant ! Et je suis fier, moi, simple biffin — (depuis de première classe, par protection !) — je suis fier de causer avec un de mes futurs chefs, sur une terre étrangère ! soudain, moi, l'ajourné d'un an, je songe que je ne suis pas en règle avec le règlement militaire puisque j'ai quitté mon domicile sans en avoir averti la gendarmerie ; qu'à cette heure je suis en somme sous les drapeaux et que régulièrement mon vis-à-vis peut me coller dedans ! Je m'en fiche puisqu'il ne me connait point et que ma bonne étoile fera passer mon escapade inaperçue. Je n'ai pas encore tâté de la salle de police, aussi ai-je l'inconscience du bleu, comme vous le voyez !

On change de train, je ne sais plus où, tout le monde détale et se précipite avec valise à la main, pardessus sous le bras, vers le nouveau train, envahi en un clin d'œil. Dans la précipitation, je perds de vue mon futur chef, l'officier supérieur. Je lui souhaite un bon voyage du fond de mon cœur et je me trouve une petite place dans un vagon. Le train aussitôt se met en marche pour filer droit vers la cité de la Louve,

Avant le départ. Le dernier vagon dudit train est accaparé par toute une société de personnes se connaissant. Je ne sais si ce sont des anglais, mais ça m'en a bien l'air. Un pauvre diable ne trouvant plus aucune place nulle part se précipite vers ce vagon et essaie de monter, car il aperçoit plusieurs places vides. Voici que des pieds, des mains, des cannes, des ombrelles le repoussent ; notre bonhomme est obligé de descendre en jurant, tandis que le train s'enfuit. L'égoïsme humain en voyage, c'est à étudier.

Mes compagnons de boîte roulante sont des étrangers, encore, toujours. En face de moi, un Monsieur de 30 à 35 ans ; c'est, d'après l'étiquette en anglais collée sur une de ses valises, un officier se rendant aux Indes par Suez. — Deux dames sur le retour causent avec un monsieur qui leur fait face ; ce sont des Allemandes, car le traditionnel « ya » vient écorcher mon auditif droit. — Un jeune homme de vingt-cinq ans, pâle comme un cierge, est, je crois, le seul italien nous tenant compagnie.

Je le présume originaire du pays par son costume : chapeau, cravate, veston, pantalon, bottines, chaîne de montre, bagues, canne, tout est italien par son mauvais goût, sa grotesque dissemblance. Il est drôle que le peuple le plus artiste du monde soit absolument dépourvu de chic dans sa mise. Le premier calicot venu du Louvre en montrerait aux élégants italiens dont les orteils n'ont jamais franchi la frontière. L'Italien de Paris s'est Sagannisé, mais il doit montrer toujours le coin de l'oreille par quelque chose de criard, si imperceptible soit-il.

Pour faire la part de chacun, je pense que le Nord ne déteste point notre costume moderne ; mais je suis certain que c'est à contre-cœur que les peuples italiens ou espagnols, de tout le Midi, le portent. Il faut à ces gens aveuglés de soleil un costume aux couleurs éclatantes, chaudes et vivaces pour leur donner de la gaîté et du goût. Les premiers soignent leur tenue parce qu'elle est conforme à leur tempérament ; les autres la négligent par raison toute contraire, parce qu'elle ne flatte point leurs yeux : voilà pourquoi, avec nos lugubres costumes modernes, nous leur voyons des cravates écarlates, des gants jaunes, des ombrelles rouges, vertes, des robes voyantes, de l'or, du clinquant, des diamants et du strass, hommes et femmes ; si tout cela nous choque, nous, pour eux c'est un peu de leur rêve qui se réalise.

Il fait une chaleur accablante dans ce vagon de première ! On étouffe ! Chacun attend anxieusement l'arrivée, car c'est un supplice que de rôtir ainsi sans pouvoir bouger.

A Civita-Vecchia, on profite de quelques minutes d'arrêt pour fondre sur des cuvettes pleines d'eau toutes préparées, avec une serviette à côté, et se débarbouiller le visage. Cette eau devient noire comme de l'encre, quand les deux pans de suif couvrant la carnation rose de quelques femmes sont partis. Jugez de la propreté des hommes barbus, chevelus, très bruns !

Je ne sais si la qualité de leur charbon est inférieure, mais les locomotives des chemins de fer du réseau italien dégagent une telle quantité de fumée qu'il vous est impossible de sortir indemne du plus mince voyage.

Leurs vagons sont sales, crasseux, jamais nettoyés. On ne peut rien toucher sans que vos cinq doigts en portent la marque.

En définitive, cette continuelle fumée obscurcit le ciel, gâte le paysage, vous écœure à force de la respirer, et le contact des vagons vous répugne. De grosses bêtes noires dans tout voyage en Italie. Quel hurrah universel si l'on y remédiait !

Nous arrivons à Rome à 10 heures du matin. Une grande gare où grouillent quelques milliers de gens courant de côté et d'autre, parlant, criant, gueulant, pendant que des trains partent, d'autres arrivent, avec des chou-chou de vapeur et des coups de sifflet.

Je me place encore sous l'égide de Minerve. Cet hôtel est tout près du Panthéon ; il a la réputation de ne recevoir que des calotins, mais il me semble confortable. Et puis je trouve peu agréable de trimballer mes bagages à chaque déplacement.

A la sortie de la gare une brave femme m'invite à loger chez elle ; mes malles montent déjà sur l'impériale de l'omnibus de la Minerva ; je lui réponds que non.

Moyennant quinze francs par jour j'ai droit au baffrage du chocolat, du déjeuner et du dîner à table d'hôte et de dormir dans une chambre fort laide. Par ces temps de fête tout est plus cher et moins bon, me dit le gérant ou le propriétaire avec un accent teuton des plus prononcés.

Je parcours la Ville Eternelle l'après-midi, en voiture. Je visite le Colisée, les Thermes de Caracalla, Sainte-Marie du Transtevere, le Temple de Vesta, San Pietro in Vincoli, où repose le pape belliqueux, cruel et méchant, Jules II, celui que, d'après Voltaire, l'ambassadeur de Louis XII, l'archevêque d'Auch, appelait « Votre Méchanceté ».

Désireux de voir quelques toiles de Barocchio, au Palais Farnèse, j'y cours ; mais l'entrée en est interdite sans autorisation de l'ambassadeur français. Tant pis.

Après mon dîner, je sors et vais fumer une cigarette au café de Rome, piazza San Carlo il Corso. Une sémillante servante m'apporte une glace, ce qui refroidit un peu mon enthousiasme pour elle.

Je vais aux Variétés, mais, comme celui de Paris, ce petit théâtre ne paie pas de mine au dehors.

L'envie de revoir la Zucchi me porte au Quirino. On joue *Brahma*, le grand succès de cette étoile de la danse.

Le Quirino est encore un petit théâtre. Ça pue la misère. Le papier timbré semble suinter partout. C'est l'impression qu'il me produisit en l'an de grâce 1893. Je ne sais s'il est transformé maintenant, remis à neuf.

La Zucchi a grossi, vieilli, ce n'est plus ça. Oh ! pour une artiste qu'elle doit être dure la dégringolade ! Néammoins, elle est encore captivante ; elle perd beaucoup à ne pas danser sur une scène mieux achalandée.

La Comédie-Italienne de Rome c'est le Théâtre Valle. La haute société romaine se donne là rendez-vous une ou deux soirées de la semaine, tout comme au Théâtre Français de Paris.

Le soir que j'y fus on jouait *Nerone*. Cette tragédie me produisit plus d'impression que le *Britannicus* de Racine (J'ai malheureusement oublié le mon du tragédien jouant ce soir-là ; il a, parait-il, une grande réputation dans son pays.)

Citons encore un théâtre : le Manzoni, du même acabit que le Quirino. On jouait à l'Opéra, à ce moment là, l'*Othello*, de Verdi, avec Tamagno, ce Stentor moderne. Je ne pus m'y rendre, les places étant d'un prix trop élevé pour ma petite bourse.

25 Avril. — Je visite Saint-Pierre, le Vatican, le matin. Je déjeune avec M..., et je reviens dans ces deux derniers endroits continuer ma promenade. Il y a tellement de choses à voir là dedans que je ne regarde plus rien, si ce n'est la salle de peinture moderne italienne et longtemps le *Jugement dernier* de Michel-

Ange, dans la chapelle Sixtine. J'adore ce méli-mélo de personnages diaboliques ; peut-être parce que la première gravure qui me tomba sous les yeux, étant tout petit, fut une gravure de Callot.

26 Avril. — Je vais essayer mon révolver sur la voie Appienne, à quelques cents mètres de la tour Cecilia Métella. Je monte sur la ruine d'une tombe de romain illustre peut-être et je tire en l'air, devant cette immense plaine verte s'étendant à perte de vue devant moi. Le *cocchiere* me sourit paternellement en me disant que je n'ai rien à craindre si je fais un peu de bruit; nous sommes assez loin de la ville.

Je visite les catacombes de Saint-Calixte. Un jeune moine nous conduit, deux jolies anglaises, le papa et moi, dans les souterrains en nous défendant de toucher aux ossements ni à la terre rougeâtre qui est autour. Il nous raconte dans un français toulousain, deux ou trois petites histoires explicatives sur ce que nous voyons, en les assaisonnant de citations latines et même de quelques phrases grecques. C'est un lettré. Il veut bien me faire un petit cours de linguistique tout en marchant devant, la chandelle à la main. J'écoute d'un air distrait car les saintes reliques des premiers chrétiens m'intéressent d'avantage.

27 Avril. — Déjeuner chez Colonna. On va chez Colonna comme à Paris chez Foyot.

L'après-midi je vais admirer les 24 colonnes monolithes en marbre blanc de Sainte-Marie Maggiore. Je visite le Panthéon et la Tour Saint-Ange.

28 Avril. — Je pars pour Naples l'après-midi. J'arrive dans la belle ville de San Gennaro à six heures et demie. Je descends à l'Hôtel du Vésuve.

De mon balcon j'aperçois le fort dell'Uovo en face : à ma droite le Pausilippe ; à ma gauche le Vésuve. Ce beau Vésuve dont je vois toujours flamber la flamme rouge-ardent sur les images !

Je vais le soir faire un tour. A la porte de l'Hôtel, comme je montais dans une voiture, un Monsieur bien mis, chamarré d'or, s'approche, le chapeau à la main, et me demande avec son plus gracieux sourire si je ne désire pas deux ou trois femmes, parmi lesquelles une française qui travaille fort bien ! je le remercie et fouette cocher !

La place du Plébiscite est toute illuminée ainsi que le Palazzo Reale. Le Roi et la Reine d'Italie, l'Empereur et l'Impératrice d'Allemagne sont là en train de dîner avec leurs deux escortes.

Je prends un thé au Gambrinus en regardant les jets de la fontaine lumineuse du milieu de la place et tout ce monde qui va et vient. Que de jolies femmes ! Mais, je le dis franchement, elles ne surpassent point les quelques-unes que j'ai vues pendant l'exposition, à Gênes.

29 Avril. — Dimanche. Je visite le fameux Musée de Naples avec le public, car ce jour-là personne ne paye et peut circuler partout. Je m'amuse plus à dévisager tous ces visiteurs qu'à lorgner toutes ces vieilleries ; il faut être assez bon archéologue, paléographe, numismate, etc., etc., pour apprécier tout cela !

Dire qu'à une époque de sa brillante existence, Dumas père fut un certain temps conservateur du Musée de Naples. Quel homme universel !

Je grimpe, l'après-midi, au couvent de San-Martino, ce qui me permet d'embrasser d'un coup d'œil toutes les toitures de la ville, chose peu banale ! Mais il en est de mon ambition de touriste comme de toutes celles des hommes; plus je monte plus je désire m'élever. Aussi je ne fais ni une ni deux et me voici au couvent des Camaldules, tenu par des bénédictins.

Rien de mieux comme point de vue. Je conseille l'ascension des Camaldules à tout voyageur, s'il n'a pas de temps à perdre, avant de voir autre chose, excepté Pompeï.

On devrait apprendre la géographie du haut des montagnes, ou en ballon !

Voici à ma gauche, l'île de Capri, l'ancienne Caprée où se retira le fils de Livie, l'affreux Tibère ; à ma dextre, l'île Nisida où sont, paraît-il, des forçats ; Ischia*, Procida, Cap Misène où se trouvait, dit-on, la maison du Lucullus — Corinne de Staël ne déclame-t-elle pas quelques phrases pompeuses en ce lieu, auprès de son cher Oswald ? — Devant moi la mer calme, étincelante de paillettes d'or, réflétant un ciel bleu divin. Ça ne m'éton-

---

*Et mollement couché sur la plage odorante. Je boirai ton air pur, ô verdoyante Ischia !

IL PIANTO.

ne pas qu'on dise : *Veder Napoli è poi morir !*. C'est là où je voudrais... vivre, au contraire ; cette nature éblouissante ne vous procure que la joie de vivre.

Tout en admirant ce panorama, je causais avec un vénérable moine à longue barbe blanche, à l'aspect franc et bon. Il me conta que la reine Mme Humbert était venue, la veille, visiter les Camaldules. Comme nous parlions de l'histoire courante de l'Italie, des faits du jour, il hocha de la tête un instant et avec des regards indéfinissables fouillant l'horizon, l'air triste, la voix tremblante, il murmura :

Povera Italia ! Povera Italia !

Je partis des Camaldules fort troublé par ces paroles, car il me sembla entendre la voix d'un prophète en cette bouche sincèrement émue. Les meilleurs patriotes ne sont pas ceux qui font le plus de bruit.

1er Mai. — Je m'en vais jusqu'à Pompeï. Cette excursion est fort intéressante, très instructive.

De Naples à Pompeï ce n'est qu'une longue

file de fabricants de *tagliarini*. La pâte, par brassée, est étendue sur des cordes et sèche au soleil.

Je suis arrivé à Pompeï bien vite, grâce à l'allure endiablée des guimbardes napolitaines. Que ces petits chevaux de là-bas sont vifs ! Ils ressemblent fort aux chevaux corses par leur petite taille, leur vivacité.

Le cocher napolitain a une espèce de cri particulier dont il abuse pour exciter son cheval ou quand un confrère automédon passe ; alors ce sont deux cris qui se croisent.

Ce qui m'a le plus intéressé, à Pompeï, c'est le théâtre. Je me suis amusé à reconstituer, de mémoire, une représentation, avec son public, ses acteurs, d'après tout ce que j'ai lu sur le théâtre antique. Le fond de la scène, comme décor, est un verdoyant point de vue à dégoûter de toutes les perspectives de nos théâtres modernes.

De retour, le *cocchiere* m'offre, pour passer ma soirée, une jolie fille de seize ans ou sa sœur, une blondinette de douze ans, et me fait sous-entendre qu'il a d'autres satisfactions physiques plus malhonnêtes sous la main. Je lui réponds que je suis malade de la poitrine et que tout ça ne m'amuse point, en prenant une physionomie d'homme blasé qui en a vu de toutes les couleurs. Il me répond philosophiquement, en donnant un vigoureux coup de fouet à son cheval, que j'ai bien raison de lâcher tout ça. Le brave homme !

La prostitution marche sur un grand pied à Naples. Pour les mœurs, c'est la ville antique par excellence. Priez le vénéré maître François Coppée de vous narrer une petite anecdote sur ce sujet, à lui-même arrivée, n'est-ce pas ami M*** ?

Je dîne chez Storacci, sous les galeries Umberto primo. Salle comble, beaucoup de lumière, service excellent mais nourriture.... italienne.

De là je me rends au *Salone Margherita*, café chantant, situé dans un sous-sol. Beaucoup de chanteuses françaises. L'étoile du concert est encore une française, fort belle femme.

2 Mai. — Promenade à Sorrente*. Pas bien intéressant ce petit village, à part quelques villas fort gentilles sur le rivage. — Je

---

*Je verrai le soleil et la mer de Sorrente.

IL PIANTO.

déjeune sur la place du Tasse en pensant au chantre de la *Jérusalem délivrée*, sans oublier le *clinquant* de messire Boileau, à propos de ce poème qui vaut bien le *Lutrin*, les *Satires* et les *Epîtres* pour un indifférent, et beaucoup plus pour un poète.

3 Mai. — Je quitte Naples, la *ville d'or*, comme l'appelle Barbier. J'arrive à Rome, à deux heures de l'après-midi. Un monde fou dans le train.

Le soir je vais au Cirque. Pinta, le célèbre clown, est maintenant lutteur et de son bras droit soulève un âne ! Bravo Pinta !

4 Mai. — Je déjeune à la cantina Ostini, piazza Colonna. Je me bourre de *spaghetti* pâte à la sauce au tomate. C'est un plat que Monsieur tout le monde consomme à profusion à Rome et dans toute l'Italie.

Mon ami M*** me fait prendre, comme dessert, du fenouil, me semble-t-il, que l'on nomme ici *finocchi*. Ce légume a la prétention de se transformer en fruit sur les papilles italiennes. Tout crû, après avoir trempé le *fruit* dans du sucre, on croque à belles dents ! drôle !

Nous allons entendre de la musique au Pincio, la promenade favorite du tout-Rome élégant. Beaucoup de jolies femmes, de toilettes et quelques équipages superbes. Endroit convenu où chacun ne vient que pour voir les autres et pour être vu ; la traditionnelle vie banale des gens qui n'ont rien à faire. Beaucoup de bustes en marbre disséminés dans le jardin, tout comme au Luxembourg, sur la rive gauche de la Seine.

L'école de Médicis est à côté du Pincio.

Le soir nous nous rendons au Théâtre Mazzini, voir *Pulcinella*, le vieux Pulcinella avec son masque en carton.

M*** est l'ami d'une petite figurante de ce Théâtre ; aussi est-ce avec attention que nous regardons défiler les tableaux vivants où ladite jeune artiste doit paraître costumée en amour !

5 Mai. — Je visite l'exposition de l'école de Médicis. En passant par le réfectoire où Messieurs les pensionnaires fourchettent, je remarque quelques centaines de tableautins couvrant les quatre murs de la salle. Ce sont les portraits des artistes passés par l'école française de Rome. Le nouvel arrivant doit faire le portrait du partant.

6 Mai. — Promenade à Frascati, à la Grotta-Ferrata, Albano, le pays des belles-filles.

7 Mai. — Je déjeune chez Doney, à côté du café Aragna. Quelques Messieurs du Parlement Italien viennent là se restaurer de temps en temps.

Promenade à la Villa Borghèse, où j'assiste à une fête populaire. Disons en passant, que c'est à la villa Borghèse que Gœthe, en 1788, composa une partie de son *Faust*.

Dîner chez Colonna. M*** me montre la table réservée des fameux duellistes. J'en aperçois un dont la figure est toute balafrée. C'est le plus fort, paraît-il ! J'ai l'air de rire (malheureux !) mais qui sait, *buenos Dios,* combien il en a tué ?

9 Mai. — Aventures à la Casanova, en compagnie de M*** au séjour des nymphes, par-ci par là ! — Un moment bien prêts à faire le moulinet sur la tête de trois ou quatre bonshommes suspects...... Sauvés !......

Epuisement complet des mille francs ! Projet de retour... forcé !

10 Mai. — Je prends le train pour Pise, non sans regrets, et je file droit vers la France où j'arrive avec un franc soixante-quinze en poche, mais l'imagination riche de tout ce que j'ai recueilli dans cette petite escapade de vingt jours.

Maintenant, mon petit, prépare-toi à la position du soldat sans armes et aux longues et crevantes théories dans la chambrée.

Mars 1896.

SOI-DISANT DES VERS*

HORRIBILIS !

Comme un fruit par un ver, mon esprit est rongé
Par ce cancer hideux dénommé pessimisme.
Je vois l'homme méchant et bouffi d'égoïsme ;
L'ange du pur amour dans la fange plongé.

Plus de divins frissons dans ce cœur ravagé ;
Je suis trop imprégné de matérialisme ;
Et, comme la plupart, du sentimentalisme
Je m'en moque et le lâche... aussitôt soulagé.

Je suis bien de ce siècle et de sa décadence ;
Sur mes illusions comme un bouffon je danse ;
Mes devoirs, je les taille à grands coups de couteau.

Plus rien de pur, plus rien de bon, plus rien d'honnête.
De toutes nos vertus Satan fit table nette.
Hélas ! je suis la cloche inerte et sans marteau !

(*) Il me faut de la copie pour finir la *feuille*, me dit le prote. — Tenez voici de la rimaille ; ça ne rapporte rien, c'est vrai, mais ça comble les vides !

ÉLÉVATION !

O monstre fabuleux, ô veau d'or que j'adore !
A toi le divin temple et le parvis sacré,
A toi le tabernacle et l'encens consacré,
A toi les Te Deum, à toi l'orgue sonore !

Plus de Christ sur la croix dont le cœur saigne encore,
Un veau, un veau superbe en or, bouffi, goinfré,
Couché nonchalamment sur un lit diapré,
La colombe au-dessus qu'un pur rayon colore !

Entonnons tous le psaume et les chants sacro-saints.
Foule avide, usuriers, vils chéquards, assassins,
Entrez tous dans le temple où le Veau d'or se pâme.

Et qu'affamé d'or fauve, oppressé, furieux,
Le trouble dans le cœur, le lucre dans les yeux,
Chacun à Lui s'élève et lui vende son âme !

CES PONS FIFANTS !

L'auge était une table avec sa blanche nappe.
Quatre groins bourgeonnés sur des plats succulents
Nasillaient de plaisir ; leurs ventres corpulents
D'aise se trémoussaient dans cette bonne agape.

Et les plats s'engouffraient dans ces trous opulents
Comme de gros ballots par l'œil noir d'une trappe ;
Et les vins bordelais, le champagne qu'on frappe
Coulaient à large coupe en ses groins insolents.

Vint l'heure du café, des liqueurs, des havanes ;
Puis nos groins alanguis, comme des courtisanes,
S'abattirent bientôt sur de tendres sofas.

Et les femmes alors entrèrent une à une,
Et nos groins souriants, bénissant la fortune,
Se firent bichonner comme de jeunes fats !

CYNIQUE !

Devant de nombreux cas de rage, un jour, un maire
    Fit apposer sur tous les murs
    Des conseils louables et sûrs,
Dans un court arrêté contre la gent Cerbère.
    Il ordonna, sans exception,
Qu'on musela, presto, sous peine d'une amende,
Chien de riche ou crottin, finelette ou truande,
    Tous, chiens gueux ou de distinction.
Un bohême passa, parcourut la pancarte
    Avec ses yeux intelligents,
    Puis, au nez de tous les agents,
    Avec des airs plus qu'outrageants,
Leva la patte et sur le mur posa sa carte !

TIMIDITÉ !

Oh ! oui, oui je le lui dirai.
Domptant cette crainte farouche,
Ce mot d'amour brûlant ma bouche,
Oh ! oui, sûr que je l'aimerai !

Dire que cela m'effarouche !
Je me sens vers elle attiré
Comme un aimant mais, atterré,
Je tremble que rien ne la touche.

Je choisirai surtout un soir
Où je la verrai languissante,
Pour, près d'elle, venir m'assoir.

Puis là, d'une voix caressante,
Posant ma bouche en ses cheveux,
Je ferai, tout bas, mes aveux !

MARIVAUDAGE !

La grâce échappe : elle fait fi des mots.
Musset l'a dit : elle est inexprimable.
Pour la louer beaucoup restent manchots.
Ces petits yeux, cette tête adorable,
Ces riens charmants bravent tous les pincea

Peindre la grâce est des plus vains défauts.
Je suis hardi ; plus que cela, blamâble.
J'ai beau chanter : mes vers seront tous faux;
      La Grâce échappe.

Ma foi, c'est vrai ! Mes doigts restent lourdauds.
Si je veux bien vous trouver plus qu'aimable,
Femme d'esprit, mignonne, incomparable,
Un fin bijou fait de chair rose et d'os !
C'est vraiment vrai ; même dans les rondeaux
      La Grâce échappe !

ERRATA

Je tiens à mettre en garde le lecteur contre les plus grosses fautes que mon ignorance et ma paresse ont laissé passer, aux pages 15, 19, 20, etc., etc., et je le prierais, par la même occasion, de m'accorder toute son indulgence. L. M.

www.ingramcontent.com/pod-product-compliance
Lightning Source LLC
Chambersburg PA
CBHW070658050426
42451CB00008B/419